BULLETIN
MONUMENTAL

PUBLIÉ

SOUS LES AUSPICES

DE LA

SOCIÉTÉ FRANÇAISE D'ARCHÉOLOGIE

pour la conservation des Monuments historiques

ET DIRIGÉ

PAR

LE COMTE DE MARSY

Sixième Série, Tome premier

(CINQUANTE-ET-UNIÈME VOLUME DE LA COLLECTION)

L'ÉGLISE
DE
SAINT-JOUIN-LES-MARNES
(DEUX-SÈVRES)
Par M. J. BERTHELÉ

PARIS   CAEN

H. CHAMPION   LE BLANC-HARDEL
LIBRAIRE   IMPRIMEUR
15, quai Malaquais   2, rue Froide

1885

PORTAIL DE SAINT-JOUIN-LES-MARNES.

L'ÉGLISE

DE

SAINT-JOUIN-LES-MARNES

(DEUX-SÈVRES)

PAR

M. J. BERTHELÉ

ARCHIVISTE DU DÉPARTEMENT, A NIORT
MEMBRE DE LA SOCIÉTÉ FRANÇAISE D'ARCHÉOLOGIE

CAEN

IMPRIMERIE F. LE BLANC-HARDEL

RUE FROIDE, 2 ET 4

1885

Extrait du *Bulletin monumental*, 51e volume, 1885.

L'ÉGLISE

DE

SAINT-JOUIN-LES-MARNES

(DEUX-SÈVRES)

« L'église de Saint-Jouin-les-Marnes, antique abbaye bénédictine jadis célèbre, est un édifice roman du XIIe siècle, dont la beauté et l'importance sont reconnues depuis longtemps. Classé avec raison parmi les monuments historiques, justement admiré et apprécié par tous les archéologues, les architectes et les artistes, il n'en est pas moins livré à l'abandon le plus coupable et le plus désastreux.....

« L'église de Saint-Jouin peut être considérée comme le type le plus complet, le plus riche, le plus ample de l'architecture romane poitevine.

« Les églises de Notre-Dame de Poitiers, de Chauvigny, de Civray, de Lusignan, de Saint-Pierre et de Saint-Hilaire de Melle, d'Airvault, de Notre-Dame de la Coudre de Parthenay, de Parthenay-le-Vieux, de Vouvent, de Foussay, de Champdeniers, etc., qui appartiennent, pour la grande partie de leur construction, à la même période romane, présentent chacune soit des caractères généraux d'une grande pureté, soit des portions brillamment conçues et exécutées, soit des détails d'ornementation et de sculpture très-rares ou richement traités. — Mais, dans aucune d'elles, on ne rencontre, comme dans celle de Saint-Jouin, un ensemble aussi imposant de toutes les qualités, de toutes les splendeurs réunies de l'art roman. »

C'est en ces termes que débute l'importante monographie historique et archéologique que M. Bélisaire Ledain vient de consacrer, dans les *Mémoires de la Société des Antiquaires de l'Ouest*, à la célèbre abbaye bénédictine de Saint-Jouin et à sa magnifique église romane (1). — Ces quelques lignes suffisent amplement pour recommander le monument à l'attention des lecteurs du *Bulletin monumental*, et justifier les pages que nous allons lui consacrer à notre tour.

Nous n'avions guère jusqu'ici sur Saint-Jouin, en dehors de plusieurs mentions rapides dans le compte-rendu du Congrès archéologique tenu à Niort en 1840 (2), qu'un chapitre singulièrement insuffisant des *Monuments des Deux-Sèvres* de Ch. Arnauld, ouvrage paru en 1843 (3), — le cartulaire de l'abbaye, publié en 1854,

---

(1) B. Ledain, *Notice historique et archéologique sur l'abbaye de Saint-Jouin-les-Marnes*, apud *Mémoires de la Société des Antiquaires de l'Ouest*, t. VI de la 2ᵉ série, année 1883, p. 49 à 136. — Ce travail a été tiré à part. — M. Ledain en publie en ce moment un résumé dans les livraisons XX et XXI des *Paysages et monuments du Poitou* de M Jules Robuchon.

(2) *Bulletin monumental*, t. VI, p. 315, 317, 321, 339, 377. — *Mémoires de la Soc. de statistique des Deux-Sèvres*, 1ʳᵉ série, t. IV, p. 177, 180, 181, 184, 186, 226.

(3) *Monuments des Deux-Sèvres*, 1ʳᵉ édit., p. 104 à 114, avec deux planches lithographiques in-4° : la façade et le chevet; 2ᵉ édit., p. 140 à 152, avec une planche in-8° : la façade.

avec une introduction historique par M. Ch. de Grandmaison (1), et quelques notes archéologiques de M. de La Rennerie (2).

L'étude de M. Ledain ne peut pas être regardée comme absolument définitive en tous points. Néanmoins, elle apporte assez de faits nouveaux, elle résume des études assez longues et assez consciencieuses, elle traite l'ensemble du sujet d'une façon assez complète, pour qu'il n'y ait plus désormais à apporter à l'analyse archéologique de l'église de Saint Jouin que des éclaircissements de détails.

Ces éclaircissements de détail se trouvent avoir quelquefois une certaine importance. Avant d'en commencer l'exposé, une description rapide de l'édifice ne sera pas inutile.

L'église de Saint-Jouin se compose de trois nefs, d'un transept, d'un chœur avec déambulatoire et chapelles absidales. Elle mesure une longueur totale de 71 mètres. Les voûtes sont portées à 14 et 15 mètres de hauteur (3). Les piliers de la nef sont formés, dans les parties non remaniées (4), d'un massif carré, flanqué

---

(1) *Mémoires de la Soc. de statistique des Deux-Sèvres*, 1re série, t. XVII, IIe partie, xiv-135 p.

(2) *Revue de l'Art chrétien*, 1876, t. XXII, p. 222 à 225. — Il paraît que Mgr Barbier de Montault a parlé jadis de l'église de Saint-Jouin-les-Marnes dans le *Journal de Loudun*. M. Ledain n'a pas pu retrouver cet article et nous n'avons pas été plus heureux nous-mêmes.

(3) Ces chiffres sont empruntés à Arnauld.

(4) « Les nefs (dit M. Ledain) sont divisées en dix travées jusqu'au chœur. Les piliers sont composés de quatre colonnes engagées sur des pilastres. Plusieurs, au milieu de l'église, ont été renforcés et mutilés, probablement lors de la réfection des voûtes; un peu plus loin, près du chœur, deux grands arceaux

sur chaque face d'une demi-colonne supportant les doubleaux des nefs et les retombées des grandes arcades : c'est le type que l'on trouve à Parthenay-le-Vieux, à Notre-Dame-la-Grande, etc. Le chœur n'est pas séparé du déambulatoire par de simples colonnes, comme c'est l'usage universel en Poitou (v. g. Saint-Savin, Saint-Pierre de Chauvigny, Saint-Hilaire de Melle, les églises de Poitiers, etc.), mais par un groupe de quatre colonnes, formant un quatrefeuilles, analogue aux piliers que présentent les nefs de Saint-Hilaire de Poitiers, Sainte-Croix de Parthenay, Airvault, Saint-Hilaire de Melle, Champdeniers, Aulnay-de-Saintonge, etc. Les voûtes des bas-côtés sont en berceau complet, soit plein-cintre, soit brisé, comme dans les églises Saint-Hilaire et Saint-Pierre de Melle, Airvault, Javarzay, Lusignan, Nieul-sur-l'Autize, Aulnay-de-Saintonge, Cellefrouin, Lesterps, Lichéres, Civray, Sainte-Croix de Loudun, Nouaillé, etc. (1). Les trois travées de la grande nef voisines de la façade sont seules voûtées en berceau brisé, monté sur doubleaux simples ; le reste a été refait au XIIIe siècle, ainsi que les voûtes du chœur, du déambulatoire et des chapelles absidales.

très-disgracieux, ouverts, au XVIIe ou au XVIIIe siècle, entre la grande nef et les collatéraux, dans le but de faire pénétrer plus de lumière dans l'édifice, ont remplacé deux anciennes travées, et par conséquent fait disparaître les piliers » (*loc. cit.*, p. 56).

(1) Dans d'autres églises poitevines, les bas-côtés sont voûtés d'arêtes (v. g. Notre-Dame-la-Grande, Saint-Hilaire, Montierneuf, à Poitiers ; Saint-Savin, Saint-Pierre de Chauvigny, Villesalem, Champdeniers, Vouvant, etc.) — C'est par exception seulement, et par suite d'une influence auvergnate plus ou moins directe, que l'on trouve le demi-berceau au-dessus des bas-côtés de Parthenay-le-Vieux, de Sainte-Croix de Parthenay, de Secondigny, de Brux, et à droite et à gauche du clocher de Nouaillé.

Le style gothique a jeté là des fantaisies de nervures et une exubérance d'iconographie, dont le département des Deux-Sèvres ne nous offre d'autre exemple que cette église d'Airvault, que M. de Caumont signalait en 1843 comme « une des plus intéressantes du Poitou (1). »

La façade, sur laquelle nous reviendrons spécialement, est une des plus belles pages de la sculpture poitevine du XII° siècle. Le chevet est décoré d'arcatures sculptées des plus riches, et non sans rapport avec celles que l'on voit à l'église de Jazeneuil, près Sanxay (Vienne).

Au XV° siècle, le chevet et une partie du transept de l'église de Saint-Jouin ont été fortifiés, et ce serait certainement un fort curieux et fort complet spécimen des édifices de ce genre, si la manie de démolition d'un architecte des monuments historiques n'avait pas jeté à terre, il y a quelques années, le magnifique parapet qui dominait le bras sud du transept (2).

Les renseignements les plus nouveaux, au point de vue monumental, que M. B. Ledain ait mis en relief sont ceux qui précisent la date, au moins d'une partie, sinon de l'ensemble de la construction romane.

« Un passage trop bref de la chronique de Saint-Maixent, dite aussi de Maillezais, nous apprend qu'en l'année 1095, Raoul, moine de Saint-Jouin, commença

---

(1) *Bulletin monumental*, t. VI, p. 209.
(2) *Revue poitevine et saintongeaise*, n° 1, p. 4. — Ledain, *loc. cit.*, p. 61. — L'une des lithographies des *Monuments des Deux-Sèvres* représente ce parapet avant sa démolition. — Les photographies de M. Robuchon, qui accompagnent les notices de M. Ledain dans les *Mémoires des Antiquaires de l'Ouest* et dans les *Paysages et monuments du Poitou*, montrent l'état actuel : les machicoulis seuls subsistent.

la reconstruction de son monastère (1). Ce Raoul, qui devint un peu plus tard, après l'année 1100, abbé du monastère, doit donc être nécessairement l'auteur ou le promoteur du plan et des premiers travaux du magnifique monument que nous venons d'admirer ; car il n'est pas douteux que l'église ait été reconstruite en même temps que le reste de l'abbaye. Les mots *sua loca instruere* désignent l'ensemble de tous les bâtiments monastiques. D'autre part, une notice, placée en tête du cartulaire de Saint-Jouin, nous apprend que le principal autel fut consacré en 1130 (2). L'église était donc alors terminée (3). »

C'est également en 1130 qu'eut lieu l'invention, et ensuite la translation solennelle, des corps de saint Martin de Vertou, de saint Lumine, de saint Rufin, de saint Mérault, etc., qui avaient été apportés de Bretagne au moment des invasions normandes et déposés près du tombeau de saint Jouin (4).

Le texte de la Chronique de Saint-Maixent : *cœpit Radulphus suos et sua instruere*, est malheureusement un peu vague en ce qui concerne l'église ; on y trouve une mention de commencement de travaux, et

(1) « Anno 1095 cœpit Radulphus monachus Sancti Jovini suos et sua loca instruere » (*Chronique de Saint-Maixent*, ap. Labbe, *Nova Bibliotheca mss.*, t. II, p. 213; ap. Marchegay et Mabille, *Chronique des églises d'Anjou*, p. 411).

(2) Introduction du Cartulaire de Saint-Jouin, par M de Grandmaison, ap. *Mém. de la Soc. de stat. des Deux-Sèvres*, 2ᵉ série, t. VI, Iʳᵉ partie, p. XIII. — « Altare princeps ecclesiæ S. Joannis Evangelistæ anno 1130 denuo consecratum fuit ab episcopo cujus nomen reticetur, in honorem sanctorum Jovini, Martini atque Sebastiani » (Cité par M. B. Ledain, p. 90, note).

(3) B. Ledain, *loc. cit.*, p. 62. — Cf. p. 86-87.

(4) B. Ledain, *loc. cit.*, p. 77, 87, 90, etc.

c'est tout. Néanmoins, il est bien probable que l'année 1095 est la date initiale de la reconstruction. Cette donnée cadre avec celle du cartulaire de l'abbaye.

Ce second texte est plus formel. En 1130, on consacre l'autel principal. Donc, les travaux étaient, sinon absolument terminés, du moins suffisamment avancés pour que l'on pût en tirer parti pour le culte. C'est en établissant le dallage que l'on a dû faire l'invention des corps saints. En 1130, le gros œuvre était achevé : les sculptures de la façade semblent bien être au nombre des parties qui restaient encore à finir.

Pour M. Ledain, ces dates de 1095-1130 comprennent la reconstruction de la totalité du monument. M. Léon Palustre, avec qui nous visitions naguères l'église de Saint-Jouin, estime au contraire qu'elles ne peuvent s'appliquer qu'à une reconstruction partielle. Il est évident, en effet, pour quiconque y regarde de près, que la masse de l'édifice, — abstraction faite des voûtes du XIIIe siècle, des fortifications du XVe et de la petite porte Renaissance du transept, — présente trois constructions différentes, toutes trois de l'époque romane. Le chœur, avec son déambulatoire et ses chapelles absidales, est de la première moitié du XIIe siècle. Au XIIe siècle appartiennent également les trois travées voisines de la façade et la façade elle-même. Mais il faut restituer au XIe et même en très-grande partie à la première moitié du XIe, le transept et les sept travées de la nef qui ont été si piteusement remaniées dans la suite.

A droite et à gauche de l'autel, dans le chœur aussi bien que dans le déambulatoire, on reconnaît sous le badigeon un mur garni d'arcatures aujourd'hui bouchées, qui ne se rattache pas à la construction en style du XIIe siècle. C'est incontestablement un reste de l'église antérieure. — Le carré du transept, avec ses grands arcs en plein-cintre, avec ses chapiteaux barbares et d'une sculpture presque méplate, ne peut pas davantage être attribué au XII° siècle ni même aux dernières années du XI°. — Les colonnes conservées de la partie de la nef voisine du transept présentent une base toute différente de celles des travées touchant au mur de façade. L'axe subit une déviation caractéristique. Les voûtes en berceau, qui recouvrent les bas-côtés, sont en arc brisé près de la façade, en plein-cintre tout le reste du temps. A l'extérieur, l'appareil n'est point partout le même : près de la façade, un beau moyen appareil régulier ; le long du reste de la nef, un mélange de moyen et de petit appareil. Le raccord des deux constructions est parfaitement visible, surtout à l'extérieur.

M. Ledain n'a pas attribué aux voûtes gothiques de la nef, du chœur, du déambulatoire et des chapelles absidales leur date véritable. Il les place au XV° siècle (1). Elles sont certainement du XIII°. Les nervures sont toriques et non prismatiques. Ce sont des croisées d'ogives chevauchant les unes sur les autres ; ce ne sont pas les liernes et les tiercerons de l'époque flamboyante.

« La ressemblance frappante qui existe entre les voûtes gothiques de l'église de Saint-Jouin et celles de l'église d'Airvault, également ornées de médaillons identiques, nous fait penser qu'elles appartiennent non-seulement à la même époque, mais encore qu'elles sont l'œuvre du même architecte (2). » Ces voûtes sont

(1) B. Ledain, *loc. cit.*, p. 59.
(2) Id., *ibid.*

de plus d'un style inusité en Poitou. Il eût été fort intéressant d'en déterminer l'origine ; c'est là, il est vrai, une question plus facile à poser qu'à résoudre, mais n'était-elle pas digne de tenter l'expérience archéologique de M. Ledain, qui, depuis tant d'années, suit régulièrement les Congrès de la Société française d'Archéologie, et par suite est plus à même que beaucoup de retrouver la trace des influences, plus ou moins lointaines, que présentent si souvent les édifices des diverses provinces.

M. Ledain n'a fait qu'effleurer (1) l'interprétation (pleine de difficultés, je le concède) des nombreux sujets sculptés sur les clefs de voûte du XIIIe siècle. Ces médaillons qui, dans leur ensemble, ont moins d'unité mais peut-être plus d'intérêt encore que ceux de l'église d'Airvault, mériteraient une étude détaillée, pour laquelle Mgr Barbier de Montault, qui en a déjà expliqué quelques-uns, ne refuserait certainement pas sa collaboration.

C'est dans l'une des chapelles absidales que se trouvent peut-être ceux de ces médaillons qui sont le plus dignes d'attention. Saint Laurent sur son gril et saint Sébastien à sa colonne, accompagnent un saint que l'on trépane ; un autre porte son crâne dans ses mains ; plus loin c'est une scène de décapitation, etc. Le sens de la plupart de ces médaillons a échappé jusqu'ici à tous ceux qui les ont vus. Par suite, l'idée générale qui les a dictés est restée absolument lettre close. Mgr Barbier de Montault, préoccupé peut-être un peu trop en la circonstance de sa thèse récente sur les soixante-douze martyrs de Poitiers, croyait y voir, lors de notre

(1) B. Ledain, *loc. cit.*, p. 59.

excursion du mois d'avril, un hommage rendu à un martyr local inconnu. Nous serions plutôt tenté d'y chercher la représentation de quelques-uns des saints bretons dont les reliques furent apportées à Saint-Jouin à l'époque des invasions normandes et retrouvées en 1130. La liste des reliques conservées dans l'église donne le sens certain de l'un des médaillons de cette chapelle. Il y avait des reliques de saint Sébastien à Saint-Jouin ; on a représenté saint Sébastien sur l'une des clefs de voûtes. Il n'y a rien d'impossible à ce que l'on ait agi de même pour les autres saints.

Mais tout ceci n'est qu'une hypothèse : nous avons voulu simplement souligner l'intérêt de cette partie du monument et l'utilité qu'il y aurait à y revenir.

Iconographiquement, ce qui attire le plus l'œil de l'archéologue dans la belle église de Saint-Jouin, c'est la façade. Parsemée de petits bas-reliefs isolés, — parmi lesquels se trouvent peut-être des représentations dérivant du type antique qui a inspiré les statues équestres du Poitou, de la Saintonge et de l'Angoumois, connues sous le nom de cavaliers (1), — elle présente dans son

---

(1) Aujourd'hui que le mémoire de M. l'abbé Arbellot sur les statues équestres renouvelle les discussions sur cet inépuisable sujet, il n'est peut-être pas sans intérêt de signaler spécialement la représentation du cavalier que M. Ledain a cru reconnaître sur l'un des bas-reliefs de la façade de St-Jouin (Voir *loc. cit.*, p. 54). M. Arbellot n'a pas cité cette opinion de M. Ledain.

On n'a jamais tiré parti, croyons-nous, de la note suivante, tirée de l'édition de Fortunat, publiée en 1603, et qui nous est signalée par M. l'abbé Largeault ; sa place est tout indiquée ici :

Extat Maguntiaci, in B. Petri veteris ædis vestibulo, egregius

pignon une page de sculpture qui est restée jusqu'ici mystérieuse, et au sujet de laquelle les interprétations les plus variées ont été proposées.

Pas plus que ses devanciers, M. B. Ledain n'a donné le sens vrai de la scène sculptée qui se déroule à la partie supérieure de la façade de Saint-Jouin.

« Une longue file de personnages s'avancent processionnellement des deux côtés vers une statue centrale qui les domine. Les petites statuettes, d'un relief assez bas, sont vêtues de costumes variés. Leurs têtes et leurs bras se tendent vers le grand personnage, objet de leur respect et de leur vénération. Les deux premières, à droite et à gauche, sont agenouillées devant lui. Ce personnage vénérable, dont le relief est beaucoup plus prononcé, est revêtu d'une longue robe flottante serrée par une ceinture. Sa tête semble nimbée. De la main gauche, il porte un globe ; son attitude est majestueuse.

« Une autre statue, de même dimension et d'une facture aussi belle, apparaît immédiatement au-dessus de la tête de cette dernière. C'est un personnage en robe longue, assis, la main gauche levée. Deux anges plus petits, l'un à droite, l'autre à gauche, le regardent dans l'attitude de l'adoration (1). »

lapis, sculptura equitis barbarum infesto spiculo sub pedibus prementis. Porro barbarus is, crine in modum vertice tenus colligato, hanc Sicambrorum habitum, de quo prolixe V. C. Justus Lipsius ad Taciti Germaniam, ad vivum exprimit ; cœtera nudus, juxta posita clava, vel simili quo telo, jacens.

(*Fortunati... carminum, epistolarum et expositionum, libri* XI... *omnia rebus illustrata notis sacris, historicis et geographicis*, à *R. P. Christophoro Browero. Mogontia, 1603*, 2ᵉ partie, p. 158.

(1) B. Ledain, *loc. cit.*, p. 54 et 55.

Pour Charles Arnauld, c'était « un sujet bien rare dans l'architecture religieuse », qui était représenté dans ce pignon : « On ne le rencontre presque nulle part », disait-il. Dans la grande figure centrale du groupe inférieur, il voyait la Religion. « Les deux premiers personnages, à genoux, semblent attendre la bénédiction de la femme céleste qui va leur donner l'espérance. Les personnages qui s'avancent vers la religion pour prendre part à la grande initiation sont des pèlerins qui marchent. » Dans le groupe supérieur, il reconnaissait Jésus-Christ et les deux anges (1).

M. de La Rennerie pensa qu'il fallait plutôt chercher l'interprétation de cette scène dans la légende de saint Jouin, mais il ne donna point cette opinion comme une chose bien sûre. « Aurait-on voulu représenter, dit-il, le zèle que mettait le peuple à écouter la parole de saint Jouin, en le priant de vouloir bien l'admettre à vivre sous sa loi ? Ne seraient-ce point tous ces moines fervents qui, sous la conduite du pieux solitaire de Loudun, habitèrent et fondèrent l'illustre abbaye d'Ansion (2) ? Je m'arrêterais volontiers à ces idées, ajoute M. de La Rennerie, mais je n'ai aucune preuve

---

(1) Arnauld, *Monuments des Deux-Sèvres*, 1re édit., p. 109 ; 2e édit., p. 146.

(2) Jusqu'au IXe siècle « l'abbaye fondée par saint Jouin a toujours porté son vieux nom d'Ension. Au IXe siècle, elle est désignée dans les actes publics, et notamment dans un acte de l'an 876, sous la double dénomination de Saint-Jouin d'Ension et de Saint-Martin de Vertou. Cette dernière désignation prouve l'influence exercée sur l'abbaye d'Ension par celle de Vertou, et confirme la tradition qui attribue à Saint-Martin le gouvernement simultané des deux monastères. Pendant plus d'un siècle encore, Ension portera les deux noms, puis celui de Saint-Jouin prévaudra. » (B. Ledain, *loc. cit.*, p. 78.)

de leur exactitude. Je ne les propose donc que timidement et ne les soutiens point. »

D'après M. de La Rennerie, le groupe supérieur ne se rattacherait pas au groupe inférieur. « Assis sur un trône dans sa gloire, adossé à la croix, instrument de son triomphe, nimbé comme il convient à un Dieu, Jésus-Christ lève sa droite et bénit. Comme à Chartres, Jésus est le couronnement de l'édifice et le protecteur de la ville qu'il domine. Deux anges, à ses côtés, s'inclinent de respect et adorent (1). »

Tout autre est l'avis de M. Ledain.

Dans le groupe inférieur, il préfère voir « la représentation de Jésus-Christ régnant sur le monde et recevant les adorations des hommes de toutes les nations et de toutes les conditions. » — L'interprétation d'Arnauld pour le groupe supérieur lui paraît « inadmissible »; il se refuse à y reconnaître l'image de Jésus-Christ. « L'autre statue, dit-il, semble plutôt en être la représentation. » — Et il ajoute : « Il serait logique de considérer la statue supérieure comme l'image de Dieu, le Père éternel. Sa situation au sommet du pignon de la façade, dont elle couronne et domine si bien toute l'ornementation, est un grave argument à invoquer en faveur de cette haute signification. »

En somme, autant d'auteurs, autant d'opinions différentes sur les deux statues principales ; la statue du haut est, pour les deux premiers, Jésus-Christ ; pour le troisième, Dieu le Père ; — La statue du bas est, pour le premier, la Religion ; pour le second, saint Jouin ; pour le troisième, Jésus-Christ. — Tous trois admettent les anges. — Dans les personnages en pro-

(1) *Revue de l'Art chrétien*, t. XXII. p. 224.

cession, le premier voit des pèlerins ; le second, des moines ; le troisième, des gens de toute condition.

L'hésitation, pour les parties secondaires, se comprend jusqu'à un certain point. Mais elle est vraiment étrange en ce qui touche le personnage principal. Comment n'a-t-on pas vu, au premier coup d'œil, s'il s'agissait de Dieu le père ou de Dieu le fils ? Dieu le père est rarement représenté seul. Dans presque toutes les scènes iconographiques où il s'agit de figurer la divinité, c'est Dieu le fils qui est choisi. Si, à Saint-Jouin, le Christ est représenté dans le groupe inférieur, comme le veut M. Ledain, Dieu le père doit avoir ses caractères distinctifs. Il ne les a pas. Au contraire, il est adossé à la croix : c'est donc le Christ qui domine la scène, ainsi que l'ont dit MM. Arnauld et de La Rennerie.

Voilà un premier point établi.

Les anges, qui accompagnent le Christ, n'ont été étudiés de près ni par Arnauld, ni par M. de La Rennerie, ni par M. Ledain. Mgr Barbier de Montault a reconnu qu'ils sonnaient de la trompette. Dès lors, tout s'est éclairci : le pignon de Saint-Jouin représente le *Jugement dernier*. — Les sculptures similaires expliquent le groupe inférieur : les gens de toutes les nations et de toutes les conditions, ayant à la main le bâton du pèlerinage de la vie, viennent implorer la Sainte-Vierge, avant de comparaître devant le Christ qui les jugera.

Les archéologues poitevins sauront gré à Mgr Barbier de Montault d'avoir déterminé le sens véritable de la plus importante des sculptures de Saint-Jouin.

Il y aurait encore quelques observations à faire au sujet de la description et de l'interprétation donnée par M. Ledain du reste de la façade. La femme dont les serpents sucent les mamelles, par exemple, ne représente pas la punition du vice impur (1), mais bien la punition des mauvaises mères (2). Mais ce sont là des détails sur lesquels il convient de passer rapidement.

Nous ne voulons pas énumérer tous les points secondaires, le plus souvent infiniment petits, sur lesquels un antiquaire pointilleux pourrait chicaner M. Ledain, sans entamer le moins du monde la grande valeur de son travail. Nous croyons cependant qu'il ne sera pas sans intérêt d'y faire encore une courte addition, en publiant le texte des inscriptions qui ornent les trois cloches de l'église. Ces inscriptions ont été relevées par M. Léon Palustre, à la suite d'une gymnastique assez laborieuse *(experto crede...).*

Voici d'abord la plus importante. Elle est gravée sur deux lignes, en belles minuscules gothiques :

✝. R. I. XPO. PR. et. D. Artur'. de Cossé. ep'. Costatient. ab. huj'. monasterii. hac. nola. bis. fracta. bis.

restaurari. jussit. mese maii 1581. f. p. du Mesnard. ei'. de. dni. abbati. vicario. id procurate.

Reverendus in Christo pater et dominus Arturus de Cossé, episcopus Constantiensis et abbas hujus monasterii, hanc nolam bis fractam bis restaurari jussit, mense maii 1581, fratre P. du Mesnard, ejusdem domini abbatis vicario, id procurante.

(1) B. Ledain, *loc. cit.*, p. 53.
(2) *Annales archéologiques*, t. III, p. 63-64.

Cette même cloche porte en petites capitales le nom du fondeur : M. A. PERRODIN.

Arthur de Cossé, au temps duquel fut fondue cette cloche, est une des plus tristes figures de l'histoire de St-Jouin. « Cet indigne abbé, qui avait embrassé le protestantisme, livra St-Jouin au pillage. Il en dilapida les biens et enleva les magnifiques reliquaires et objets précieux qu'il fit transporter dans son château de Brissac, en 1560. »

M. Ledain a démontré que Arthur de Cossé n'était pas mort en 1577, comme le dit le *Gallia Christiana*. L'inscription de la grosse cloche de St-Jouin eût été pour lui un argument de plus.

Les inscriptions des deux petites cloches sont loin d'avoir l'intérêt de celle que nous venons de citer. Très-courtes, elles ne rappellent aucun nom historique, et fournissent seulement l'indication de leur âge, qui ne laisse pas d'être assez vénérable.

L'une, en lettres gothiques, porte seulement ces mots :

lan mil $\mathfrak{V}^\circ$ $\mathfrak{LX}$ $\mathfrak{X}$

L'autre, en petites capitales romaines, est ainsi conçue :

IESVS MARIA IOSEP IE SIS DE S. ION 1687

Du clocher à la charpente de la nef et aux fortifications du chevet, la transition est toute naturelle.

Nous avons déjà signalé la démolition du magnifique parapet latéral. L'honorable architecte Loué, dont le *Bulletin monumental* a raconté naguère quelques-uns des nombreux méfaits (1), est en train de conquérir à

(1) *Bulletin monumental*, 1883, n° 3-4, p. 375 à 380 ; — 1884, n° 1-2, p. 91, 106, 107 ; n° 7, p. 606-607.

St-Jouin de nouveaux lauriers. Il vient d'être obligé de restaurer la charpente neuve qu'il avait établie, il y a trois ans, au grand détriment des murs gouttereaux et des modillons de l'ancienne église. Il s'apprête à démolir une partie de la façade. — Il tient à ajouter un fleuron de plus à cette glorieuse couronne de travaux archéologiques qui s'appellent les restaurations de Vouvent, de Maillezais, de Nieul, d'Airvault, du pont de Vernay, de St-Hilaire de Melle, de Ste-Croix de Parthenay, de Javarzay….. et de St-Léger de St-Maixent, pour clore par la démolition la plus récente et la plus odieuse (1), cette liste trop longue et cependant incomplète.

M. Ledain a déjà fustigé à plusieurs reprises et avec une grande énergie ce démolisseur officiel qui semble s'être donné à tâche de détruire tout ce que notre département possédait de précieux.

Les observations de l'historien de St-Jouin-les-Marnes n'ont pas été sans contribuer pour leur part à faire ouvrir les yeux à l'administration, et les décisions prises par le conseil général des Deux-Sèvres, à sa session

---

(1) Voir sur les dévastations de M. Loué, la *Revue poitevine et saintongeaise*, 1re année 1884-85, p. 4, 15, 26, 123-124, 126 à 128, 147, 148, 155 à 160, 168 à 172, 194 à 207, 226, 240 à 244, 264, 265, 288, 306 à 308, 328-329 ; — 2e année, 1885, p. 26, 28, 47, 86, 94, 121, 156, 158.

Les craintes que nous avions eues, lorsqu'il s'était agi de la restauration de la crypte de Saint-Léger (*Bulletin monumental*, 1884, p. 106), n'étaient malheureusement que trop fondées. Malgré les démarches faites auprès de la Commission des Monuments historiques, malgré les promesses de M. Lisch, inspecteur général, la vénérable crypte mérovingienne vient d'être en partie démolie.

d'avril, permettent d'espérer la répression prochaine de ce vandalisme incessant.

M. Ledain vient une fois de plus de bien mériter de l'archéologie poitevine. Il a aidé, par l'autorité de ses protestations, à la sauvegarde de nos monuments, en même temps qu'il a écrit une œuvre faisant réellement honneur à notre Société des Antiquaires de l'Ouest et tout à fait digne de figurer à la suite de ces beaux travaux que tous les érudits et tous les archéologues connaissent : l'*Histoire d'Alphonse de Poitiers*, les histoires de Parthenay et de Bressuire, l'*Enceinte gallo-romaine de Poitiers*, le catalogue du Musée des Antiquaires de l'Ouest, la *Gâtine historique et monumentale*.

Niort, mai 1885.

P.-S. — Une note parue (sous la signature X. B. de M.), dans le n° de juillet de la *Revue de l'Art chrétien* (p. 318), nous apprend que « M. de La Rennerie » n'est autre que Mgr X. Barbier de Montault.

Caen, Typ. F. Le Blanc-Hardel.

Le *Bulletin monumental* paraît tous les deux mois, les 25 février, 25 avril, 25 juin, 25 août, 25 octobre et 25 décembre, par livraisons de 7 à 8 feuilles de textes accompagnées de planches hors texte et de gravures sur bois.

Prix : **15** francs par an pour la France et **18** francs pour l'étranger, payables d'avance en un mandat sur la poste.

Les demandes d'abonnement et les communications relatives à la rédaction doivent être adressées à M. le comte DE MARSY, directeur de la Société française d'Archéologie, à Compiègne (Oise).

On s'abonne également à Paris, à la librairie CHAMPION, 15, quai Malaquais.

Les publications archéologiques dont un exemplaire aura été adressé à M. le comte DE MARSY, à Compiègne, seront annoncées sur la couverture du *Bulletin monumental*, indépendamment du compte-rendu qui pourra leur être consacré.

www.ingramcontent.com/pod-product-compliance
Lightning Source LLC
Chambersburg PA
CBHW060627050426
42451CB00012B/2464